RUNIC INSCRIPTIONS: IN GREAT BRITAIN
by Paul Johnson
Copyright © 2005 by Paul Johnson

Japanese translation published by arranged with
Bloomsbury USA, a division of Diana Publishing Inc.
through The English Agency (Japan) Ltd.

本書の日本語版翻訳権は、株式会社創元社がこれを保有する。
本書の一部あるいは全部についていかなる形においても
出版社の許可なくこれを使用・転載することを禁止する。

ルーン文字

ヨーロッパの魔術文字

ポール・ジョンソン 著

藤田 優里子 訳

イラストのほとんどが、四巻からなるジョージ・ステフェンス（1866～1901）
The Old-Northern Runic Monuments of Scandinavia and England（スカンジナビア
と英国における、北部の古代ルーン遺跡）による。
リトグラフはマグヌス・ペーターセンの手になるものである。
26頁、32頁、34頁、36頁、43（b)頁、48頁は、ジョン・カーカムによる細密画。

さらなる参考書としては、まずは学術的であること、その奥義を知ることは二の次として、次のものが挙げられる。
An Introduction to English Runes（英国におけるルーン文字への誘い）
　　　　　　　　　　　　　　　　　　　　　by R.V.W.Elliot（R.V.W.エリオット）著
Rudiments of Runelore（ルーン文字の基礎）by S.Pollington（S.ポリングトン）著
Leaves of Yggdrasil（ユグドラシルの葉）by F.Aswynn（F.アシュウィン）著

また、ベンソン、M.バーンズ教授とロンドン大学ユニバーシティ・カレッジのヴァイキング北方調査協会、アンドリュー・テスターとサフォーク州立考古学局、ヘレン・ジーキとノリッチのカッスル博物館考古学課、ステファン・グランディ、ジョン・カーカム、スティーヴ・ポリングトンの各氏には厚くお礼を申し上げたい。
多大なる支援をありがとうございました。

もくじ

はじめに	*1*
ルーン文字の起源	*2*
アングロ＝サクソンのルーン詩	*4*
ルーン詩	*6*
ルーン文字：フソルク	*10*
ルーン文字対照表	*12*
ルースウェルの十字架	*14*
ビューカッスルの十字架	*16*
ファルストーンの石碑	*18*
カークヒートンの石碑	*20*
聖ポール大聖堂の石棺	*22*
キルバーの石碑	*24*
アンドレアス3世の石碑	*26*
メイズ・ホウの墳墓（No.9）	*28*
メイズ・ホウの墳墓（No.20）	*30*
ノロ鹿の距骨	*32*
アルの骨壺	*34*
赤鹿の枝角	*36*
ハンターストンのブローチ	*38*
フランクスの小箱	*40*
魔よけの指輪	*44*
テムズ河の装飾品	*46*
テムズ河の短剣	*48*
サットンの銀盆	*50*
対称的な格子という仮説	*52*
敷詰めパズル	*54*
ルーン文字の意味と象徴	*56*
イギリスにおける民族の移動	*58*

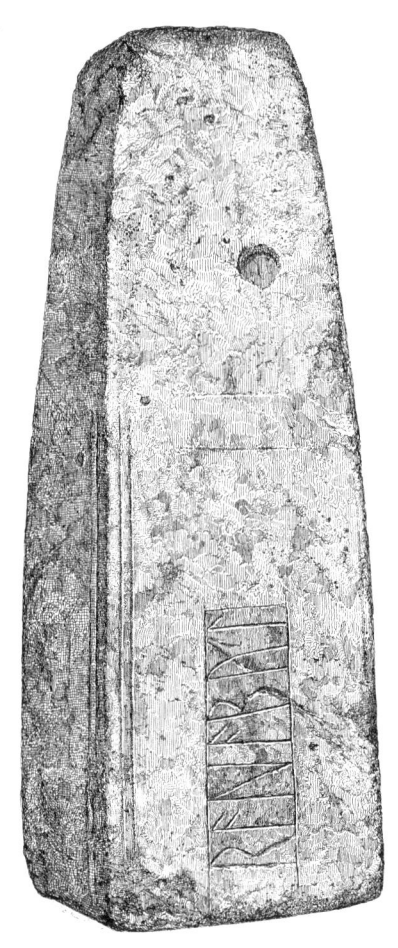

サンドウィッチ・ストーン。
アングロ＝サクソンが支配したイングランドに唯一、遺されている異教時代のルーン石碑。南東イングランド、ケント州カンタベリーのロイヤル博物館に収蔵されている一対のひとつ。

はじめに

　1世紀から中世末期にかけて、古代の呪術文字であるルーン文字が碑文などに残され、ヨーロッパ大陸やその周辺地域で広く発見されている。その豊かな歴史のなかで、ルーン文字はさまざまな目的で用いられてきた。

　ルーン文字は実用的な目的で、あるいは呪術を目的として、数多くの遺物に刻まれた。そして暗号、謎かけ、詩などのかたちで、神託をたまわる道具、呪術的なシンボル、暦として使われてきた。職人や石工たちの記録としてメッセージを伝えたように、ルーンは個人でも使われ、また古い落書きにも見られる。

　洪水によって、土砂によって、過去のさまざまなものが失われてきたが、緑あふれる島イギリスでは今もなお、その土地や河川から、ルーンが刻まれた古い遺物が出土している。この小さな本では、その魅力的な例をいくつか紹介したい。

ルーン文字の起源

フサルクからフソルクへ

　ルーンという非常に興味深い文字は、靄（もや）に包まれた古代ヨーロッパで誕生した。言葉というもの自体、いくつもの意味や派生語が生じるものであるように、ルーン文字の始まりもいまだ解明されておらず、神秘に包まれている。

　最初のルーン文字は、北イタリア文字やエトルスカン・ローマ文字のような、地中海世界の古代文字が基になっているらしい。だが、ルーンの呪術的シンボルの多くが、これらの古代文字と融合する以前にも存在していた。というのは、ヨーロッパ各地で発見された古代象形文字や表意文字の多くに、このシンボルが見られるのだ。おそらく、ある時期に音韻とシンボル、概念が統合されてルーン文字となったのだろう。

　ルーンは実用文字として発展したが、2世紀ごろからは呪文としても使用されていた。最初に用いられた24文字のルーンはエルダー・フサルクと呼ばれ、フサルクの名称はルーン文字の最初の6文字の読みからとられている（ᚠᚢᚦᚨᚱᚲ）。フサルクは古くから3つの「Ættir アティル」に分けられる。「Ættir アティル」とは、古アイスランド語で8つずつのまとまりを意味するものだ。

　古代ヨーロッパで言語が発達するにつれ、その変遷に合わせて、新しいルーン文字が発展していった。

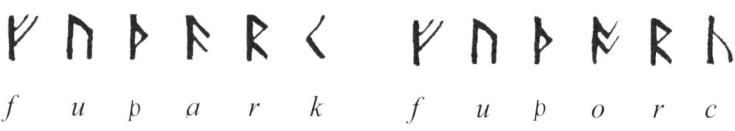

フサルク　　　　　　　　　　　フソルク

ゲルマン共通ルーンのフサルク

デンマークのフサルク

アングロ＝サクソン型ルーンのフソルク

マンクス・イェランのルーン列

オークニーのルーン列

アングロ＝サクソンのルーン詩
暗黒時代への鍵

ルーンは5世紀ごろに初めて、アングロ＝サクソン人がイギリスに持ちこんだ。それまでに彼らによって、エルダー・フサルクからアングロ＝サクソン型フソルクへと改良されている。ルーン文字は発展を続け、やがて28文字になる（3頁参照）。そして異教に関することの多くがそうであったように、ルーン文字は教会に受け入れられ、正式の文字としても使用されるようになった。

8世紀から10世紀にかけて、書記たちがアングロ＝サクソンのルーン詩を記録した。そこには、詩という形式で、ルーンの知識が凝縮されている。ルーン詩が記されていた原本は、1731年の大火で消滅したが、幸運にも、ジョージ・ヒックスの『シソーラス』（1703）に写しが遺されている（右頁）。

それぞれのルーンについて、まずラテン文字が記され、そのあとにルーン文字、ルーンの名称、ルーンに込められた比喩や力を表現する詩と続く。

古期英語に訳された詩のいくつかは、書記によってキリスト教の趣向に合わせて書き換えられたにちがいない。だが、その詩的隠喩のほとんどは異教の面影を残している。

ルーン詩はそもそも、ルーン文字の名称や意味、音価を覚えるために考えられた語呂合わせなのだ。

（右頁）
ジョージ・ヒックス著『シソーラス』（1703）にあるルーン文字

F	ᚠ feoh	byþ frofur. fira gehpylcum. sceal ðeah manna gehpylc. miclun hyt bælan. gif he pile. fon dryhtne domes hleotan :.
u	ᚢ	byþ anmod. ʒ ofer hyrned. fela fecne. deor feohteþ. mid hornum. mære mor stapa. þ is modiʒ puht :.
ð	ᚦ ðorn	byþ ðearle scearp. ðegna gehpylcum. anfeng-gys yfyl. ungemetun rebe. manna gehpylcun. ðe him mid resteð :.
o	ᚩ os	byþ ordfruma. ælcre spræce. pisdomes praþu. and pitena frofur. and eorla gehpam. eadnys and to hiht :.
r	ᚱ rad	byþ on recyde. rinca gehpylcum. sefte and sriþhpæt. ðam ðe sitteþ on ufan. meare mægen heardum. ofer mil paþas :.
c	ᚳ cen	byþ cpicera gehpam cuþ on fyre blac and beorhtlic byrneþ oftust ðær hi æþelingar inne rerstaþ :.
ʒ	ᚷ syfu	gumena byþ gleng and herenys. praþu ʒ pyrþscype ʒ præcna gehpam ar and ætpist ðe byþ oþra leas :.
uu	ᚹ pen	ne bruceþ ðe can peana lyt sares and sorge and him sylfa hæfþ blæd ʒ blysse and eac byrga geniht :.
h	ᚻ hægl	byþ hpitust corna. hpyrft hit of heofones lyfte. pealcaþ hit pindes scura. peorþeþ hit to pætere sy ðdan :.
n	ᚾ nyd	byþ nearu on breostan peorþeþ hi ðeah oft niþa bearnum to helpe and to hæle ʒe hpæþre gif hi hi hlystaþ æror :.
i	ᛁ is	byþ ofer cealdunge metum sliðon glisnaþ glær hluttum gimmum gelicust. flor forste ʒe populit frægen ansyne :.
ʒe	ᛄ ger	byþ gumena hiht ðon god læteþ haliʒ heofones cyning hrusan syllan beorhte bleda beornum and ðearfum :.
eo	ᛇ eoh	byþ utan unsmeþe treop. heard hrusan fæst hyrde fyres. pyrtrumun underprehyð pynan on eþle :.
p	ᛈ peorð	byþ symble plega. and hlehter plancum ðar pigan sittaþ on beor sele bliþe æt somne :.
x	ᛉ eolhx	seccard hæfþ oftust on fenne. pexeð on paturne. pundaþ grimme. blode breneð beorna gehpylcne ðe him ænigne onfeng gedeð :.
s	ᛋ sigel	se mannum symble biþ on bihte ðonn hi hine feriaþ ofer fisces beþ oþ hibrum hengest bringeþ to lande :.
t	ᛏ tyr	biþ tacna suma healdeð trypa pel. piþ æþelingas a biþ onfærnylde. ofer nihta genipu. næfre sriceþ :.
b	ᛒ beorc	byþ bleda leas. bereþ efne spa ðeah tanas butan tudder. biþ on telgum pli tig. þeah on helme hyrsted fægere. geloben leafum lyfte getenge :.
e	ᛖ eh	byþ for eorlum æþelinga pyn. hors hofum planc. ðær him hæleþe ymb. pe lege on picgum pruxlaþ sprædce. ʒ biþ unstyllum æfre frofur :.
m	ᛗ man	byþ on myrgþe his magan leof. sceal þeah anra gehpylc oðrum spican. for ðam dryhten pyle dome sine þ earme flæsc eorþan betæcan :.
l	ᛚ lagu	byþ leodum langsum geþuht gif hi sculun neþun on nacan tealtum. ʒ hi sæ yþa sprþe bregaþ. and se brim hengest bridler ne gym :.
ing	ᛝ ing	pæs ærest mid east denum. ge sepen secgun. oþ he riððan est. ofer pæg gepat pæn æfter ran. ður heardingar ðone hæle nemdun :.
œ	ᛟ eþel	byþ ofer leof. æʒhpylcum men. gif he mot ðær. rihten and gerysena on brucan on blode bleadum oftart :.
ð	ᛞ dæg	byþ dryhtnes sond. deope mannum. mære metodes leoht, myngþ and to hiht eadgum and earmum. eallum brice :.
a	ᚪ ac	byþ on eorþan. elda bearnum. flæxces fodor fereþ gelome ofer ganotes bæþ garrecʒ fandaþ. hpæþer ac hæbbe æþele treope :.
æ	ᚫ æsc	biþ ofer heah. eldum dyre. stiþ on staþule. stede rihte hylt. ðeah him feohtan on firar monige :.
y	ᚣ yr	byþ æþelinga ʒ eorla gehpæs. pyn and pyrþmynd. byþ on picge fægere. fyrt lic on færelde. fynd geacepa sum :.
io	ᛡ ior	byþ ea fixa. and ðeah abruceþ. fodrer onfealdan. hafaþ fægerne eard. pætre bepoppen. ðær he pynnum leofaþ :.
ear	ᛠ ear	byþ egle eorla gehpylcun. ðonn færtlice flæsc onginneþ. hrapcolian hrusan ceoran blac to gebeddan bleda geðreosaþ. pynna gepitaþ pera gespicaþ :.

stan ᛥ	Hos Characteres ᛥ ᚻ ᚾ ᛈ ᛚ ᛉ ᚠ ᛖ ᛉ ad alia festinans	
ᛲ ᛰ ᚸ	Studioso lectori interpretanda relinquo.	
ᛢ qu		

ルーン詩

新しい解釈

　これらのルーン文字やルーン詩を創った初期のルーンマスターたちは、選び抜かれた少数の人々であり、口伝えによる伝統を持っていたことぐらいしかわかっていない。

　このルーン詩の現代英語訳が、古代から伝えられたその見識によって、アングロ＝サクソンの精神へと導いてくれるだろう。

フェオ　冨とはすべての者にとって快なり。だが神の名のもと栄光を得んとすれば、惜しみなく与えよ。

ウル　野牛は獰猛なり。そびえたつ角をもつ、猛々しき獣。その角によりて戦い、沼地を徘徊する勇敢なものなり。

ソーン　いばらは非常に鋭く、それに触れるもの、いかなる戦士なれど痛みを覚ゆ。そのなかに横たわりし者、すさまじき苦しみなり。

オス　神はすべての言葉の源、叡智の支えなり。賢者の慰め、すべての者への祝福、喜びなり。

ラド　ラド（乗馬）は館(やかた)でくつろぐ戦士には喜びなり。だが駿馬(しゅんめ)にまたがり、はるか駆ける者には厳しきもの。

ケン　たいまつ、その青白く、輝ける炎を知らぬものはなし。高貴なる者が館でくつろぎ、そこで焚(た)かれしものなり。

ギョーフ　与うるとは恩恵かつ名誉なり。支援、栄光となる。何も持たぬ、まったき追放者にして救援、かつ恵みなり。

ウィン　喜びとは、求めぬ者、痛みも悲しみも知らぬ者には必要なきもの。富める者、至福を知る者、豊かなる者が享受するもの。

ハガル　雹(ひょう)は真白き種子なり。天の高みから、風に渦巻き、またたく間に水へと変わる。

ニイド　欲求は、心を締めつけるもの。だが心して見るとき、人の子らを助け、救うものなり。

イス　氷はとても冷たく、すべらかなり。霜により精巧に作られた、美しき床。宝石のごとく輝き、硝子(がらす)のごとく透きとおる。

ゲル　収穫は希望なり。天の女神、フリッグ神＊が、富める者にも貧しき者にも、地上に輝ける実を与うる。

エオ　イチイの木の粗い樹皮、土壌にしかと根を下ろす。その根に支えられし、炎の番人、故郷の喜びなり。

ペオース　ペオースは豊かなる者の楽しみ、喜びなり。妻たちは産屋(うぶや)に集い、陽気にさざめく。

エオール　スゲは水辺に育ち、沼地にはびこる。それを摘む者は、ひどく傷つき、血を流す。

シゲル　太陽は、船乗りにとって喜びなり。海を渡りしとき、海の馬が陸地に押し戻されるまで。

ティール　ティール*は道しるべなり。人の期待を裏切らず、夜の雲の上をゆきて、けして誤ることなし。

ベオーク　白樺は実を結ばぬが、種なくして芽を出だす。誇らしげに枝を広げ、その葉に枝をたわませ、天を突く。

エオー　馬蹄の誇り、戦士たちを従えし王子の喜び、騎上の豊かなる者が口上を述べしとき。それは、休むことなき者には常なる安楽の源なり。

マン　人(マン)は喜びのなかでは、頼もしきもの。だが、仲間を失う運命にあり。スクルド神*の命によって、哀れな人びとは地に葬られる。

ラグ　水は果てしなきもの。波にもまれし舟で旅し、海のうねりに怯え、海の馬がたずなに従わねば。

イング　イング*が、イースト・デーンに現れり。戦車を従え、波を越えて東へ進む。戦士は彼を英雄と呼べり。

ᛟ エゼル 故郷は愛しきものなり。繁栄のなか、その館にて、まったきものを享受しえるとき。

ᛞ ダエグ 日とは、みなに愛されしもの、天の使い、創造主の栄光なる光。富める者にも貧しき者にも等しく降りそそぐ喜びと安楽なり。

ᚪ オーク(ｵｸ) 樫は豚を養い、その肉は人の子を養う。ときに樫の実は海をゆく。大洋は試す、樫が信頼たるものか、と。

ᚫ アッシュ トネリコの木は貴重なり。天高く、聳(そび)ゆ。しかと根をはり、多勢に攻撃されど、その場を守りぬく。

ᚣ ユル 斧(おの)はすばらしき武器。馬に跨(またが)り旅に生きる王子や戦士をして、喜び、かつ名誉なり。

ᛡ イアル イアルは川魚、陸地にて餌を食らう。水に包まれし美しき巣、そこにて幸福に棲めり。

ᛦ イアー 墓は忌まわしきところ。肉体は凍え、青白い身体は土の仲間となり。繁栄は終わり、歓喜は過ぎ去り、約束は終焉を迎えり。

フリッグ神：ゲルマン神話における、愛と結婚の女神。豊穣の女神。最高神オーディンの妻で、光の神バルドルの母。最高位の女神である。

ティール神：アース神族に属する戦いの神。正義の神。最高神オーディンの息子である。ゲルマン神話では、その片手を犠牲にして、フェンリル狼を縛った。

スクルド神：ゲルマン神話に登場する運命の女神。人間の運命を決定するノルン三姉妹(ウルド〈運命〉、スクルド〈存在〉、ヴェルダンディ〈必然〉)の三女。

イング神：フレイ神の古い時代の名。ゲルマン神話の豊穣の神、ヴァン神属のなかでもっとも重要な神。アース神族との戦いのあと、父ニヨルドと妹フレイヤと共にアースガルドに人質として移り住む。

ルーン文字：フソルク

ルーン文字への理解

　現代、イギリスで使われている言葉の多くが、その歴史や語源において、古代イギリスのルーン文字（アングロ＝サクソン型ルーン文字、3頁参照）に関連がある。このように、ルーン文字の影響は北ヨーロッパの現代語の多くに及んでいる。

　現代英語の"Fee（報酬）"は、ルーンの最初の文字ᚠ「Feoh フェオ」に由来している。それは畜牛や富を表しており、その形状も牛の角に似ている。昔は、どれだけの牛を持っているかで、その人の冨を測ったのだ。

　「知ること」を意味するスコットランド方言の「Ken」も、いにしえの松明（たいまつ）のようなルーン文字ᚳ「Cen ケン」の深遠な光に照らされている。こうして、多くのルーン文字がそれらをとりまく自然のなかで形や構造を発展させてきた。パートナーシップを意味するᚷ「Gyfu ギョーフ」はラブレターの最後に古くから記されてきた×マーク（キスを意味する）に似ている。必要を意味するᚾ「Nyd ニイド」の形は、幸運を祈るときに人差し指と中指を交差させる仕草の原型にちがいない。

　こうした観点からルーン文字の形を観ることは、意味のあることと考えられてきた。

　アングロ＝サクソン型フソルクは9世紀ごろまで銘文に使われているが、それまでにノーサンブリア王国＊でさらな

る発展をとげている。また9世紀には、ヴァイキングたちによってもたらされた16文字のヤンガー・フサルクがブリテン諸島に伝わったと考えられ、12世紀まで当地で使われていた。

　アングロ＝サクソン型フソルクのルーン文字は、古期英語に語源を同じくする言葉が多く見られる。これらの言葉は、ルーン文字と同じような概念や意味を表しているのかもしれない。

　イングランドの古くからの異教徒たちの土壌にキリスト教信仰が敷かれていくとき、ローマ支配の終焉（5世紀初め）以降、すたれていたラテン語がふたたび用いられるようになった。異教の神とキリスト教の二重の信仰の時代＊（16頁参照）、まさに改宗の時代にかけて、ルーン文字はそれらと共存していた。最終的には教会によって、この異教の言葉は、現在使われているアルファベットに取って代わられることになる。

　次頁では最初のふたつの「Ættirアティル」、つまり8つずつにまとめられたふたつのグループが次頁に、残りの「Ættirアティル」がその次の頁に表になっている。

ノーサンブリア王国：アングロ＝サクソン人が築いた七王国のうち、最北に位置する。デイアラとバーニシアという二つの王国が対立と統一を繰り返しながら、ノーサンブリア王国に統一。のちに再び、分裂する。この二つの王家は、オーディン神の双生児ベルデーグとウェグデーグを始祖とする。現在のノーサンバーランド。

ルーン文字	名称	音韻	対応する文字	文字の意味（古期英語）	言葉の変遷とパターン
ᚠ	フェオ（*Feoh*）	f	f	畜牛、富	OE：*feorh*、生命、精神 ME：*fee*、報酬
ᚢ	ウル（*Ur*）	u	u	野牛	ON：*urdr* OE：*wyrd*、運命、宿命
ᚦ	ソーン（*Thorn*）	th	þ	いばら	OE：*thorpe*、村
ᚩ	オス（*Os*）	o	o	口、演説	ラテン語：*os*、口 ON：ロバ、神
ᚱ	ラド（*Rad*）	r	r	騎乗、道	OE：*rædels*、*riddles*、*rædan* 読むこと、忠告
ᚳ	ケン（*Cen*）	c	c	たいまつ、燈明	Sc：*ken*、知ること OE：*cennan*、現れること
ᚷ	ギョーフ（*Gyfŭ*）	g	g	贈り物	OE：*giefan*、与えること、 ME：*gift*
ᚹ	ウィン（*Wynn*）	w	w	喜び	OE：*wynsum*、*winsome* ME：*wish*
ᚻ	ハガル（*Hægl*）	h	h	雹	---
ᚾ	ニイド（*Nyd*）	n	n	要求、必要性	OE：*nyt*、要請、義務、*neod*、 要望、切望
ᛁ	イス（*Is*）	i	i	氷	OE：*isen*、*iron*
ᛄ	ゲル（*Ger*）	j	j	年、収穫	OE：*geard*、*gardern*、*gearn*、 熟すること、準備 ME：*hour*
ᛇ	エオ（*Eoh*）	e	e	イチイの木	OE：*iw*、輝き、赤、*ierre*、 *yrre*、野生、興奮
ᛈ	ペオース（*Peorþ*）	p	p	---	---
ᛉ	エオール（*Eolhx*）	x	x	スゲ	---
ᛋ	シゲル（*Sigel*）	s	s	太陽、宝石	OE：*sige*、勝利、落下、日暮れ

ルーン文字	名称	音韻	対応する文字	文字の意味（古期英語）	言葉の変遷とパターン
↑	ティール（*Tir*）	t	t	ティール神	OE：*tir*、名声、名誉
ᛒ	ベオーク（*Beorc*）	b	b	白樺	OE：*beorgan*、防御、隠蔽、*beorh*、丘陵、*barrow*
ᛖ	エオー（*Eh*）	e	e	馬	OE：*ewa*、結婚、接触
ᛗ	マン（*Man*）	m	m	男、人間	OE：*manncynn*、*mankind*
ᛚ	ラグ（*Lagu*）	l	l	水	ME：*lake*、*lagoon* Sc：*loch*
ᛝ	イング（*Ing*）	ng	ŋ	イング神	OE：*ing*、牧草地 Sc：*ingle*、火
ᛟ	エゼル（*Eþel*）	o	œ	故郷	OE：epele、高貴
ᛞ	ダエグ（*Dæg*）	d	d	日	OE：*dægian*、*dawn* OE：*dæglan*、秘密
ᚪ	オーク（*Ac*）	a	a	樫の木	OE：*æcern*、*acorn*
ᚫ	アッシュ（*Aesc*）	ae	æ	セイヨウトネリコ	---
ᚣ	ユル（*Yr*）	y	y	---	OE：*æxe*、*yr(e)*、斧
ᛡ	イアル（*Iar*）	ia	ia	川魚、ビーバー、カワウソ	---
ᛠ	イアー（*Ear*）	ea	ea	墓	OE：*ear*、土、海洋、*eard*、故郷

OE：古期英語　ME：現代英語　ON：古期ノルド語　Sc：スコットランド語

ルースウェルの十字架

異教の詩　進化するルーン

　ルースウェルの十字架は、発見された地にほど近い、スコットランド南西部ダムフリース・アンド・ギャラウェイ州のルースウェル教会に所蔵されている。高さは5.2メートル以上。このルーン石碑は、おそらく、英国でもっとも印象的で精巧な8世紀のノーサンブリアの芸術だろう。

　この石碑には、ブリテン諸島でもっとも長いルーン銘文が刻まれている。そのうえ、新しいルーン文字の形態もいくつか見られ、それまでのフソルクから、約33文字の「ノーサンブリアのルーン列」へと増えている。現在、磨耗により、完全には判読できないが、このルーン銘文には、さまざまなノーサンブリア方言や古英詩『十字架の夢』のテーマがうかがえる。この詩では、擬人化された十字架がキリストの苦難を訴えており、後にイタリアの『ヴェルチェリの古写本』に記録された。

　異教的な含意が強い、『十字架の夢』の原版と考えられる十字架の銘文は、アングロ＝サクソンのキリスト教への改宗の時代において、キリストの磔刑（たっけい）という新しい物語を深く理解するために、既存の信仰が利用されたことを示しているのかもしれない。

　キリストの物語を思わせる、世界樹に磔となったオーディン神の犠牲や、バルドル神の復活のようなゲルマン神話は、『十字架の夢』でも言及されている隠されたテーマなのだろう。

オーディン神：アース神族の最高神。詩と戦いと死の神。ゲルマン神話では、世界樹ユグドラシルに、グングニル（オーディンの魔法の槍）に突き刺されたまま、9日9夜吊るされて、ルーン文字の秘密を知る。9つの世界で起こる一切を見渡すことができる、恐るべき神。

バルドル神：オーディン神とフリッグ女神の息子。神々のなかで、もっとも美しく、もっとも賢く、もっとも慈悲深い神。兄弟によって亡き者とされるが、ラグナレク（世界の終わり）のあと、甦る。

ビューカッスルの十字架

世界の中心で

　スコットランドの険しく、荒れた国境、ハドリアヌスの城壁のほど近くにビューカッスルの小村はある。この8世紀初頭の十字架にはルーン文字が刻まれ、もとは教会の敷地内に位置していた。ルースウェルの十字架と同じく、キリスト教と異教の二重の信仰の時代に創られたものである。高さは4.3メートル以上あった。

　十字架の頭部は失われたが、残されたのは一枚岩から削られた柱身で、複雑な彫刻が施されている。伝統的なキリスト教のイメージと、この記念碑を寄贈したと思われる人物が鷹狩りの盛装で描かれている。

　現在では、その大部分が判読不可能であるが、以前の訳では、この石碑はエルフウィネのものとされ、9行のルーン文字も彼に捧げられたとされている。エルフウィネの父、オスウィウム王が国を統一し、デイアラとバーニシアの両王国を統治した。やがて、このふたつの国が統合され、ノーサンブリア王国となったのである(11頁参照)。

　記念碑の反対側には精巧な彫刻で、さまざまな動植物でいっぱいの樹が描かれている。これは異教の宇宙観を表す世界樹、つまりユグドラシルである。

二重の信仰の時代：ユダヤの一新興宗教としてキリスト教は迫害されてきたが、313年にコンスタンティヌス帝によるミラノ勅令によって公認の宗教となる。それに伴い、多神教だった古代の宗教から、唯一神としてのキリストを信仰する宗教への転向が始まった。

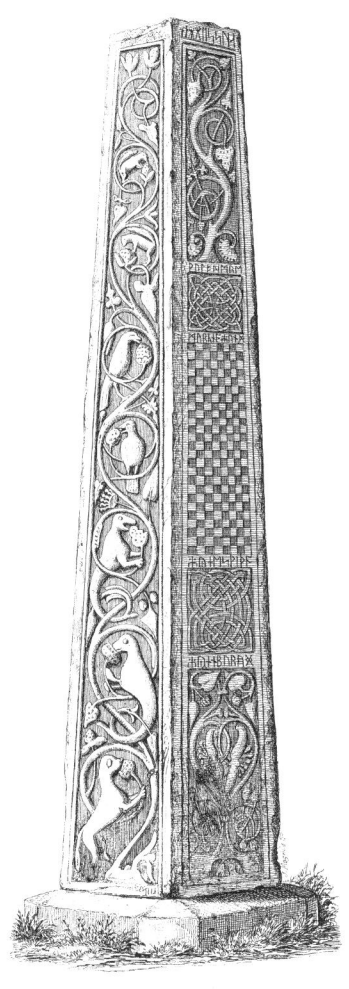

ファルストーンの石碑

彼の冥福を祈りたまえ

　この奇妙な形をした記念碑はニューカッスル・アポン・タインのアンティーク博物館に所蔵されている。イングランド最北部のノーサンバーランド州ファルストーンにほど近い村落、ホークホープ・ヒルの地中、約90センチメートルから出土したものだ。

　石碑の表面には二種類の銘文が刻まれていて、ひとつはローマ字、もうひとつはアングロ＝サクソン型ルーン文字で書かれている。

　当時、両方の文字が使われていたことがわかり、ルーン文字と死後の世界との呪術的つながりが表されている。どちらも、同じく古期英語による追悼文で、「エオがその伯父フロースベルトのため、この記念碑を造れり。彼の冥福を祈りたまえ」と記されている。時代は8世紀にさかのぼる。

　この石碑の断片は、同時代のアイルランドに見られる箱型の聖体容器と同じスタイルで、家のような形をしている。長さ31.8センチメートル、幅17.8センチメートル、高さ15.2センチメートルである。

　アングロ＝サクソン型ルーンによる追悼文の多くで、同じような言い回しが使われており、この例はよくある定型文である。この記念碑がおそらくそうであったように、この時代のルーン石碑のほとんどが裕福な人物のために創られた記念碑か墓石らしい。

カークヒートンの石碑

誰が彫ったのか、それを知るのは――

　このルーン石碑の大きな断片はイングランド北部のヨークシャー州カークヒートン村、カークヒートン教会で発見された。当時の石工たちによって、教会が改築される際の、材料にされていたのだ。このほかにも多くのルーン石碑が、その石としての価値のみを後世の石工たちに利用されるという運命をたどった。

　この石片が作られた時代を知るのは難しいが、古期英語で「エオーがこれを創れり」と記されており、かつて、より大きな遺物の一部であったことがうかがえる。面白いことに、このルーン彫刻師の名前も、イチイの木を意味する「Eoh エオー」というルーン文字と語源を同じくする。「Eoh エオー」とは、馬や雄馬を表す普通名詞でもあり、ヘンゲストとホルサ＊のような、アングロ＝サクソン系の名前の由来とも一致する。ヘンゲストとホルサは、英国に定住した最初のアングロ＝サクソン人の伝説上のリーダーである。

　現在、ウェストヨークシャー州ハッダーズフィールドのトルソン博物館に展示されているが、アングロ＝サクソンのルーン石碑のなかでも、ルーン彫刻師のサインが記された珍しい例である。

ヘンゲストとホルサ： 5世紀頃のゲルマン族の英雄。ケント王国の始祖。ブリテン島（ケント州）に上陸し、その後アングロ＝サクソンが大挙渡来が始まる。ブリトン人と戦い、勝利を収める。ホルサは戦死するも、ヘンゲストが王国を築く。

ᛖᚩᚺ　ᚹᚩᚱᚩ　ᚺᛏᚫ

eoh　　　woro　　　htæ

エオーがこれを創れり

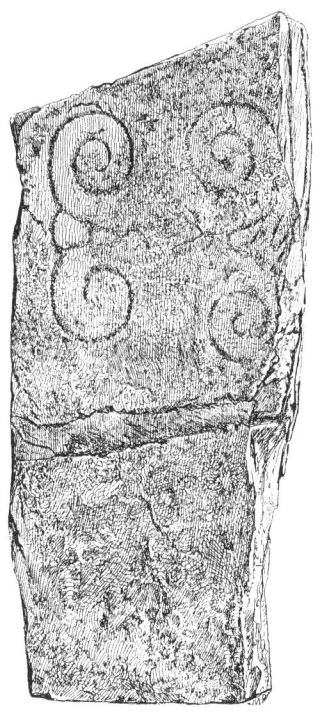

聖ポール大聖堂の石棺

いたるところに黒、白、赤

　20世紀に発見されたこの石のパネルはかつて、ロンドンの聖ポール大聖堂の庭に置かれた石棺、サルコファガスの一部だった。見つかったのも、その場所だった。

　獣(けだもの)が優雅に闊歩(かっぽ)し、その足には蛇がからみついている。これはユトランド半島のイェリング墳墓のルーン石碑で見つかったライオンと蛇のモチーフの様式を再現したものである。

　記されたルーン文字は、赤で彩るという古代の慣習に則って、もとは赤・白・黒に塗られていた。そこにはスカンジナビア型ルーン文字で「ジェナとトキがこれを創れり」とある。

　この石片はリンゲリケ様式*のモチーフでもっとも優美で、有名な例に挙げられる。その様式をイングランドに伝えたデンマークのクヌート王*の在位期間（1016〜35）に作られたと考えられている。

　この石片は現在、ロンドン博物館で閲覧できる。

リンゲリケ様式：10世紀から11世紀のスカンジナビアで見られる、デザイン様式。オスロ北部(ノルウェー)に位置するリンゲリケ地方で発見されたルーン石碑群に由来する。そこではライオンや鳥、帯状の動物たちや渦巻きのモチーフが多く見られる。アングロ＝サクソン芸術やオットー朝芸術と比較される。

クヌート王：イングランド、デンマーク、ノルウェー、三国の王位を兼任した大王。父スヴェン、叔父ボレスワフ一世配下のポーランド諸侯と共にイングランドに侵攻し、勢力を拡大する。広大な北海帝国を築き上げるが、その死後わずか7年で崩壊する。

キルバーの石碑

西の島々のヴァイキングたち

　この珍しい、古代スカンジナビアのキリスト教徒の墓石は、スコットランド北西の大西洋上に浮かぶアウター・ヘブリディーズ諸島のはずれ、バラ島のキルバーにある、朽ち果てた教会の墓地で偶然に発見された。1865年のことだった。現在、エジンバラのスコットランド博物館に展示されている。

　この石は長さが1.8メートル以上あり、銘文には9世紀とあるが、ルーン文字の形状から11世紀のものと考えられている。この銘文は最古の例ではないとしても、スコットランドに現れた、古代スカンジナビア型ルーンの初期のものである。

　前面に描かれた十字架の内側には流れるような4本の組み紐、その外側には装飾的な鍵模様やS字型の渦巻き模様が刻まれている。

　この古代スカンジナビア銘文は、石片の背面に上から下へと二列にわたって、次のように記されている。

...ir	(th)kir(th)u	stinar	.....r	is	knus	sia	r..str
(ep)tir	(th)orgerdu	Steinar(s)	(dottu)r	es	kross	sja	reistr
'After	Thorgerth,	Steinar's	daughter,	this	cross	is	raised,'
ソルゲリス亡き後、		スタイナーの娘が、		この十字架を創れり			

アンドレアス3世の石碑
異教の神々の神話

　アイリッシュ海の中央に位置するマン島は、小さくても、とても重要な島だ。そこには10世紀から12世紀に造られたヴァイキングのルーン十字架が30基以上もある。それは古代スカンジナビア・ケルト社会における、独自の作品でもある。

　この十字架の破片は、マン島の首都ダグラスのマンクス博物館に所蔵されている。途中で切れているルーン銘文には、「ソルヴァルドがこの十字架を立てり」と、マンクス・イェーレン型ルーンで記されている。ノルウェイのイェーレン地方は、マン島に定住したヴァイキングの故郷と考えられている。

　石碑に描かれているのは、ゲルマン神話において、神々の運命という意の『ラグナレク*』（神々の黄昏、世界最後の日）について書かれたエピソードである。そこでは、ゲルマン神話における最高神オーディンがカラスとともに、猛り狂うフェンリル狼の口に剣を突き刺している。ラグナレクを異教崇拝終焉の宗教的メタファーとみなしていたのかもしれない。伝説によると、オーディン[Odinn（古期英語ではWoden）]は熟練のシャーマンであって、魔術師でもある。そして世界樹ユグドラシルに九夜吊るされたのち、ルーン文字を発見したという。それらの発見によって、オーディンは雄弁と言葉、叡智の神となった。

　石片のもう一対には、斧を持つトール神*[Thor（古期英語ではThunor）]が刻まれ、海を泳ぐ世界蛇ヨルムンガンドを捕えようとしている。

ラグナレク（神々の運命）：ゲルマン神話の最終章、終末の予言詩。9つの世界は滅び、神々は死に絶える。しかし二人の人間、リーヴとリーヴスラシルが世界樹ユグドラシルの影に生き延び、あらたな世界への希望となる。死と再生の物語。

トール神：アース神族に属し、オーディン神と大地（フィヨルギュン）の息子。最高位に次ぐ神。雷神、戦神、豊穣の神。ミッドガルド（人間の世界）においては、法と秩序の神。ワグナーの歌劇などでは、ドンナー（Donner）という名で登場する。

メイズ・ホウの墳墓（No.9）
オークニーのかたち

　オークニー諸島はスコットランドの北東、はるか彼方に位置している。そのメインランド島にあるハーレー湖のそばに、メイズ・ホウ*と呼ばれる先史時代の印象的な墳墓がある。その墓室にはブリテン諸島のどこにも見られないほど、ルーン文字が集中して刻まれている。それらは、この遺跡が作られてから大分たった11世紀ごろのものと考えられている。

　中央石室の北西の壁には、この興味深いルーン銘文の最初の二行が刻まれていて、次のように訳されている。

「美しき寡婦（かふ）、インゲボルグよ。多くの女がここにて頭（こうべ）を垂れる。その偉大さを示したまえ」

　銘文の最後の行に見られるルーンは、小枝に似ているため、多枝ルーンと呼ばれており、本当のルーン文字を隠すために使われてきた。軸の左側の枝が、どのættir（3つのグループ）に属するかを示し、右側の枝がそのættirの、どの性質（8種）を指すのかを示している。たとえば、ゲルマン共通フサルクのゲルマン基語である「runa」は図の下のように変換される。これらの多枝ルーンは、このオークニーのルーン列でも使われていて、エアリンガーと訳されている。このルーン文字を彫った人物の名前と考えられている。

メイズ・ホウ：スコットランドの北東に浮かぶ、オークニー諸島。ここではメイズ・ホウの墳墓や、世界遺産に登録されたスカラ・ブラエ遺跡群など、新石器時代の遺跡が見られる。のちに、クロムレック（ストーン・サークル）やドルメンなどの巨石建造物がつくられたが、これらはヨーロッパ全土に広がる巨石文化の一端である。

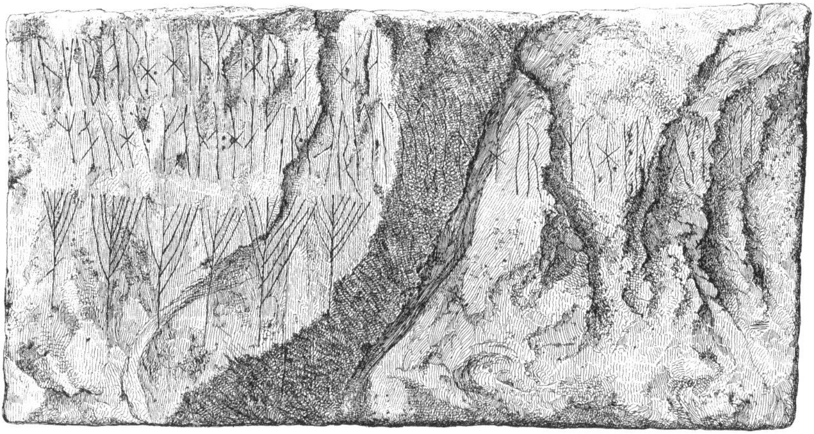

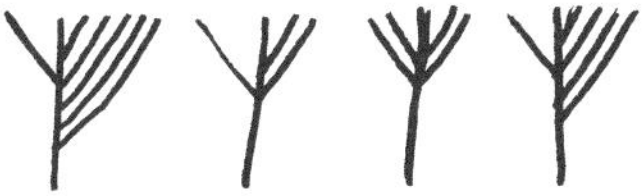

メイズ・ホウの墳墓（No.20）
ルーンを刻んだ魔法の斧

　メイズ・ホウは紀元前2700年より前に造られた古代建造物で、冬至の夕刻には、正面の石廊入口から射しこんだ光がまっすぐ中央石室を照らし、その威厳が太陽の光に浮かび上がる。

　メイズ・ホウ墳墓の銘文はほとんどが落書きに近いもので、墓に避難していた古代スカンジナビア人によるものだと考えられている。中世初期の典型的なスカンジナビア型ルーンが使用されている。

　石室の南東壁に彫られた、この銘文には多枝ルーンも使われており、「海の西でもっともルーンを知る男、これらのルーンを記せり」とある。だが、この誉れ高いルーンマスターの名は書かれていない。この銘文は現在、これらのルーンを彫った、伝説の斧について述べている、メイズ・ホウの別の石室の銘文に関係があると考えられている。

　ほかの銘文の多く、そのいくつかは詩であるが、どこかに隠されている盗まれた宝物（それを探しあてた者は幸せだ、とある）や、十字軍としてエルサレムに向かう途中、墳墓に侵入した古代スカンジナビア人たちについて、また、数多くのルーンマスターの名前が記されている。

　メイズ・ホウの銘文は、あまり知る機会のない、オークニー諸島の小さな島々に定住したヴァイキングたちの生活をかいまみせてくれる。

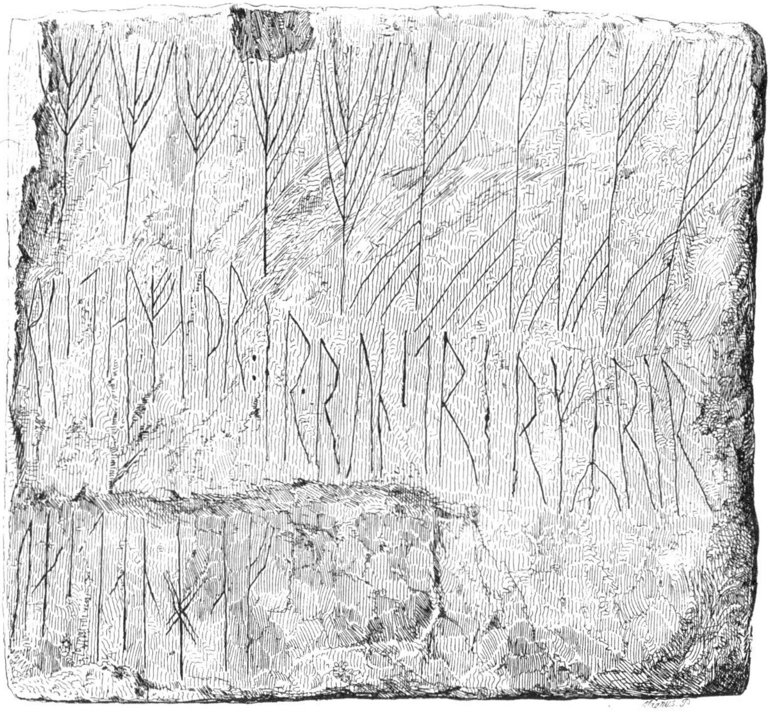

ノロ鹿の距骨(きょこつ)

3の倍数

　この長さ2.5センチメートルほどの小さな関節の骨、あるいは距骨(後肢の骨の一部)の表面には6つのルーン文字が刻まれている。これはイングランド東部のノーフォーク州ケースター・バイ・ノリッチのアングロ＝サクソンの大きな墓地で出土した骨壺から発見されたものだ。

　このルーン文字は、さまざまに解釈されているが、個人の名前「raihan」と訳されると考えられている。それは古期英語の「raha」、つまり「roe-deer ノロ鹿」の語源とも一致していて、この骨の由来するノロ鹿そのものをも意味している。

　この男性の骨壺からは、33個(白22個、黒11個)の骨製計算器が、27個のノロ鹿や羊の関節の骨とともに見つかっている。これらすべてを合わせて、シンボルを使った古代のゲームに使われたかもしれないし、あるいは、くじに使われたのかもしれない。すべてはここに葬られている、この興味深い人物を物語っているのだ。3という数は、その倍数も同様に、非常に強い魔力を持つ数だとアングロ＝サクソン人は考えていた。

　このユニークな工芸品は英国でもっとも古いルーン銘文とみなされていて、5世紀のものと考えられている。

33

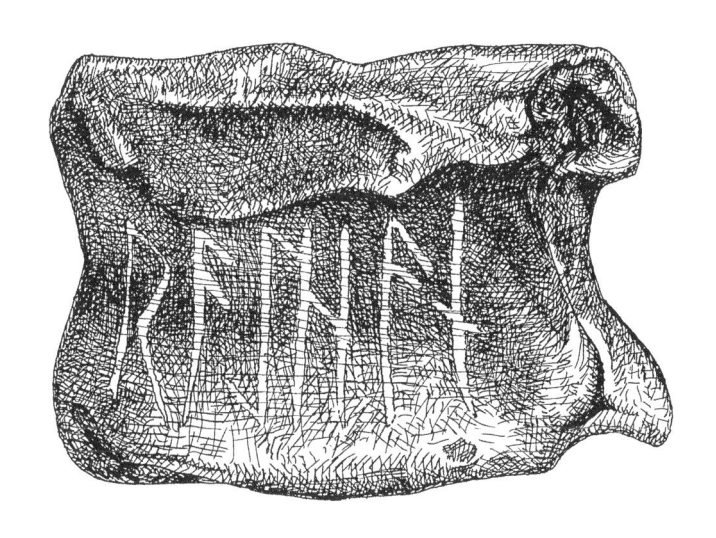

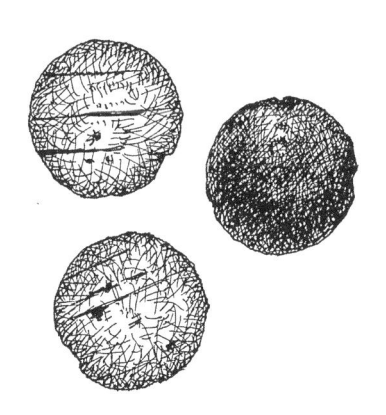

アルの骨壺
人を虜(とりこ)にする呪文

　イングランド東部のノーフォーク州スポング・ヒル、その小高い土地には中石器時代の頃から人が定住し、アングロ=サクソン人はそこを墓地として使っていた。1971年に考古学的な発掘作業が始まり、現在でも発掘が続いている。そこからは1700以上もの骨壺が出土し、そのほとんどに装飾が施されている。

　この骨壺は湾曲部に沿ってルーン文字があしらわれており、それは同じ地域から出土したほかの壺も同様である。見た目がすこし変わっていて、このルーン文字は多枝ルーンのようにも見えるが、実はダブル・ルーンである。それらは左右対称で、表から見ても、裏から見ても、呪術ルーン語「Alu アル」と読める(下図参照)。「Alu アル」は、ほかの呪術語とともに、3世紀から8世紀のヨーロッパの数多くの銘文に見られる。

　「Alu アル」という言葉の基本的な意味は「恍惚」、「魔力」であり、古期ノルド語の「Ol」、古期英語の「Ealod,」、「Ealu」と語源を同じくする。そのどちらも、「ale エール(ビール)」、「beer ビール」を意味している。この壺は5世紀のもので、ノーフォーク州ノリッチにあるノリッチ・カッスル博物館に展示されている。

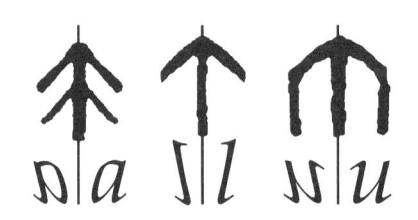

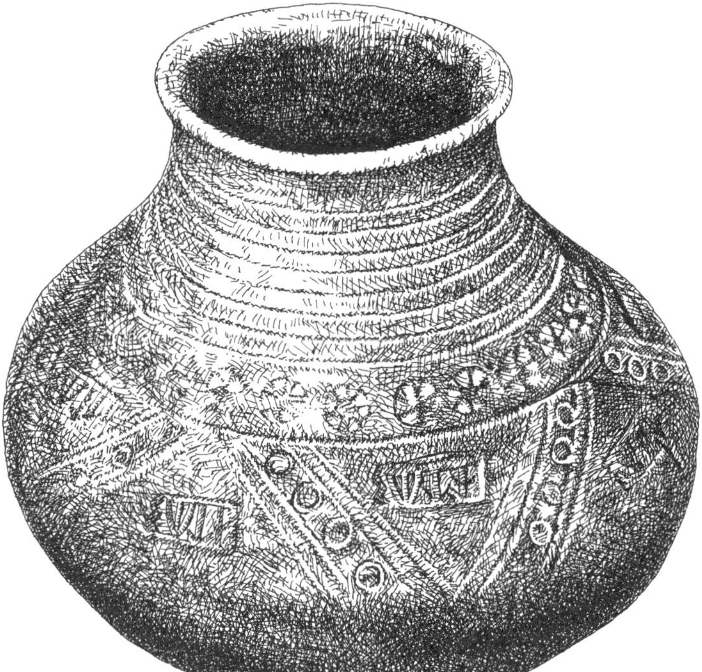

赤鹿の枝角

牡鹿の力を

　この銘文は、赤鹿の枝角の先端部分、尖った断片に刻まれている。長さ12.7センチメートルほど、イングランド東部のサフォーク州ブランドンの古代アングロ＝サクソン人居住地跡で、1980年代に発見された。

　そこには15字のアングロ＝サクソン型ルーンが刻まれているが、最後の三つは磨耗して判読できない。二つの単語は次のように解釈されている。成長や増加を表す古期英語"weox"と語源を同じくする"wohs"、そして"wild 野生"という単語の語源、"wildum"である。最後の5つのルーン文字は獣や動物を意味する、"deoran"と綴られていると考えられている。

　そのまま解釈すると、その記述は"grow wild animal"となり、文字どおり、この断片は野生動物のもとで大きくなった、という意味になる。これを象徴的に解釈すると、この動物に内在する呪力を利用するために、お守りやナイフの柄と思われる遺物を作って、その力を高めたにちがいない。最後のルーン文字は結合ルーンで、この場合、ᚪ(Ac オーク)と ᚾ(Nyd ニイド)が結びついたものだ。

ᚹᚩᚻᛋᚹᛁᛚᛞᚢᛗᛞᚫᚪᚾᛗᛖᚱᚪ

w o h s w i l d u m d e o r a/n

w o h s　w i l d u m　d e o r a n

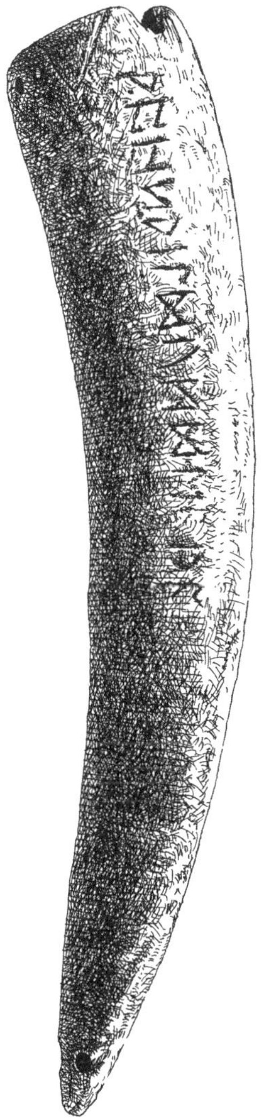

ハンターストンのブローチ
10世紀の大傑作

この魅力的な銀のブローチは8世紀初期のもので、スコットランド西部ストラスクライド地方のエアシャー州ハンターストンで発見された。この12.7センチメートルほどのブローチは、英国でもっとも重要なケルト工芸の一例であ

る。その前面には琥珀の象嵌が散りばめられ、精巧な金線細工があしらわれた金メッキの部分には、さまざまな動物や蛇が描かれている。刻まれているスカンジナビア型ルーンは一部が判読でき、10世紀のものと考えられている。最初の10字のルーンは、ケルト人の持主の名前のようで、「メルブリンダがこのブローチを所有せり」と解釈される。

見事な職人技が感じられるこの作品は、エジンバラのスコットランド博物館に展示されている。

フランクスの小箱

そして、クジラはいかに一生を終えたのか

　ロンドンの大英博物館に展示されている、「フランクスの小箱」。この彫刻に飾られた魅惑的な小箱はクジラの骨で造られており、1867年にこの小箱を寄贈したサー・オーグスタス・W・フランクスにちなんで名づけられた。二重の信仰の時代に作られ、アングル族の言葉が用いられているところから、8世紀初期のものと考えられている。大きさは、長さ22.9センチメートル、幅19.1センチメートル、高さ14センチメートルである。

　上部パネル（右頁上）には戦いの場面が描かれており、アングロ＝サクソン型ルーンで「ægili」という名が刻まれている。この名はおそらく鍛冶師ヴォルンド*の兄弟、弓の名手のエギル*を意味する。これは伝説では伝えられていない彼にかかわる場面とも、ケント王国を建国したとされるヘンゲストとホルサがヴォルティゲルン王と戦い、ホルサが敗れたという、アイレスフォードの戦いの場面とも考えられる。アイレスフォードはイングランド南東部にある。前面パネル（右頁下）の左半分にはヴォルンドの神話からのエピソード、右半分には、ルーン文字で刻まれた「Mægi（賢者、博士）」の文字とともに、東方の三賢人のキリストへの礼拝が描かれている。

　その周囲には「クジラの骨」という言葉が記されており、また、どのように砂利浜で魚を追って、クジラが一生を終えたのか、頭韻を踏んだ詩も刻まれている。

ヴォルンドとエギル：古代北欧歌謡集『エッダ』の「鍛冶屋ヴォルンド」の物語、『シズレクのサガ』にも登場する。また、ヴォルンドについては『ベオウルフ』や『デオール』などの古英語詩にも記述が見られる。ヴォルンドは翼をつくり、幽閉されていた塔から飛び去ろうとする。彼を射よと命じられたエギルは、血をつめた皮袋に命中させて兄を無事逃がした、という話もある。

上部パネル

前面パネル

フランクスの小箱の背面パネル（右上）には、エルサレムを占領したティトゥス＊と、彼を攻撃する槍兵たちが描かれている。左側パネル（43頁中央）は、ローマ建国神話にまつわるロムレスとレムス＊に乳を与える牝狼(めすおおかみ)という古典的な場面だ。右側のパネル（次頁の下）の異教的なイメージは、世界樹の根元にあるというウルドの泉＊に住む運命の三姉妹や馬、死の花嫁に付き添われて、あの世へと旅立つひとりの戦士の姿を表しているようだ。

　右側のパネルには全部で72文字のルーンが刻まれていて、それは呪術的な数である3の24倍である。パネル上の特定のルーン文字は、図像と結びつくことによって、その意味がより拡大されている。小箱そのものは、持主を守るための、持ち運び可能な呪術具として考えられた。豊かな富や戦いでの勝利、日常における守護、安全な旅、英雄的な死を願うものである。

ティトゥス：ローマ帝国フラウィウス朝の第二代皇帝（紀元79～81年）。ローマの直轄地であったユダヤ地方で、ローマへの反感が募り、ついにユダヤ戦争（66～73年）が勃発する。エルサレム攻略の司令官となったティトゥスは、70年にエルサレムを制圧し、反乱は平定された（マサダ要塞は除く）。その後、亡き父を継いで、ローマ皇帝となる。

ロムレスとレムス：ローマ建国神話に登場するロムレスとレムス。大叔父の王の命により、双子は生まれてすぐに捨てられて、牝狼に育てられる。長じて事情を知った二人は復讐を遂げ、二人が育った丘に戻って新しい都市を築こうとするが、兄弟のあいだに争いが起こる。ロムレスがレムスを倒し、そしてローマは建国された。

ウルドの泉：世界樹ユグドラシルの根元にあるウルド（運命）の泉。神々が毎日ここに集い、話し合いの場を持つという。3人の運命の女神たちは泉を守り、ユグドラシルに水をかけて、樹が枯れぬよう世話をしている。

背面パネル

左側パネル

右側パネル

魔よけの指輪

3という数の魔力

これらの指輪は8世紀につくられたもので、それぞれに呪術的な銘文が刻まれている。おまもりに使われた、これらの指輪はすべて、イギリス本島で発見された。主に、3という数とその倍数に秘められた呪術的な力が用いられている。

右頁の①の金製の指輪はイングランド北西部のカンバーランドで発見されたもので、30のルーン文字が刻まれ、そのうち3字が指輪の内側に記されている。②の指輪は、銀と金の合金である琥珀金(こはくきん)製で、イングランド北部ヨークシャーのブラムハム・ムーアで発見された。下の図のように、30のルーン文字が3つに分けて記されている。③の指輪はピンク瑪瑙(めのう)製で、イングランド西部のブリストルで出土したうちの、初期のものである。32のルーン文字が11に分けて記されている。

これらのルーン銘文すべてに、古英語詩のまじないのような韻のパターンが見られる。また、まじないに見られるような、理解不可能な単語が含まれている。ここでルーン文字は、韻を踏むことによって生じる魔力、おそらくは「(古期英語) Galderbrok」という呪文とともに用いられている。上と下の指輪は大英博物館に展示されており、中央はデンマークのコペンハーゲン国立博物館に収蔵されている。

ᚫᚱᚴᚱᛁᚢᚠᛚᛏ　　ᚫᚱᛁᚢᚱᛁᚦᚩᚾ　　ᚷᛚᚫᛋᛏᚫᛈᚫᚾ/ᛏᚩᛚ

ærkriuflt　　　　*kriurithon*　　　　*glæstæpæn/tol*

魔力によりて、傷を癒したまえ

①

②

③

テムズ河の装飾品

呪術的な暗号

　この銀メッキのドラゴンには複雑な装飾が施され、青ガラスの目が嵌めこまれている。9世紀のものと考えられる。かつては、切り妻造りの聖堂の正面を飾っていた。長さ19.1センチメートルで、20世紀にテムズ河の底で発見され、現在は大英博物館に収蔵されている。ルーンから古期英語に訳されても、この銘文は簡単には解釈できない。興味深いことに「ᚾa」の文字が加えられた最

初の7文字のルーンが再配列されて、銘文の最後の8文字となっている。このような暗号化は、古期英語で書かれた暗号文に見られる、単語を再配列することで暗号をつくる形式と類似している。当時、アルファベットが使用されていたが、そのアルファベットへとルーン文字が変換されるとき、同じように文字が配置されたのだ。

このユニークな文字のグループ化と構成からすると、この銘文はおそらく呪術的な暗号にちがいない。ルーンの文字や言葉、音に魔力が宿ると考えられていたが、その名残がここに現れている。それは中世に盛んだったアルファベットの文字に込められた魔力を凌ぐものであった。

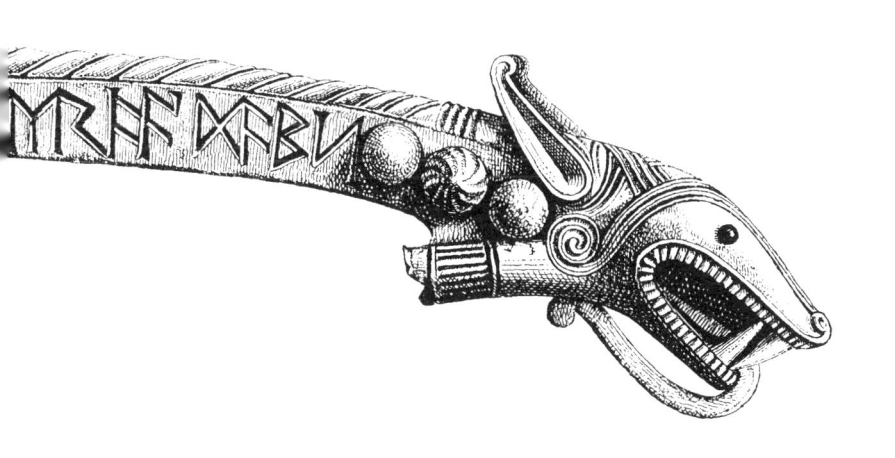

テムズ河の短剣

魅惑の剣

　アングロ=サクソンの短剣はスクラマサクス(古期英語ではseaxor)と呼ばれている。このスクラマサクスは1857年にテムズ河の底で発見された。鉄製で、60センチメートル以上の長さがある。

　この贅(ぜい)を凝(こ)らした武器には、銅と青銅と銀の対照鮮やかな地金に精巧な装飾が施され、ルーン文字が刻まれている。8世紀終盤のものと考えられている。

　アングロ=サクソン型フソルクの28字が順に刻まれており、既存の24字のルーン・フサルクからのめざましい発展がうかがえる。ここでは完全な形でルーン・フソルクが見られるため、英国本土で発見されたなかで、もっとも重要な

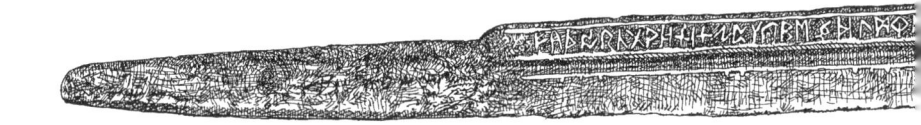

例とされている。

　「ビグノート」という製作者、あるいは持主の名前が、片刃の剣を横切るように刻まれている。これはケント人＊の名と思われるため、この剣の由来がケント族にあることもうかがえる。ルーン文字がすべて刻まれるとき、それ自体で、魔力を増すもの、呪術的なおまもりとしての意味をもつが、このスクラマサクスも同じように持主を守り、力を与えるものだった。このめずらしい遺物は大英博物館に収蔵されている。

ケント王国：アングロ＝サクソンの七王国のひとつで、ヘンゲストによって建てられた。現在のイングランド南東部ケント州に位置する。

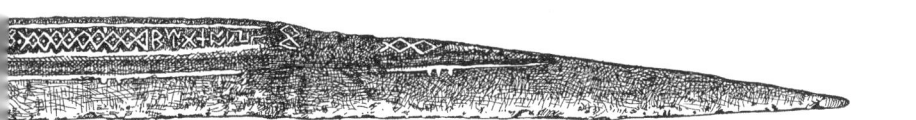

サットンの銀盆

さらなる、失われた宝物

1634年、イングランド東部ケンブリッジシャー州の土壌をたがやす鋤(すき)によって、このアングロ=サクソンのブローチは掘り起こされた。100ほどの銀貨が入った、ある主棺から発見されたのだ。直径15センチメートル以上で、11世紀初頭のものと考えられる。現在、ロンドンの大英博物館に所蔵されている。

その凹面の表には9個のピンがあしらわれて、あいだに四つの円が重なり合い、それぞれに不思議な生き物が描かれている。円が交わるところは、目のモチーフとなっている。ブローチの裏側には、盗難を避けるため、外周に、古期英語でキリスト教の呪文が刻まれている。

裏面に渡されていた支持板には、かつて完全な銘文が刻まれていたが、現在では壊れてしまっていて、その一部しか判読できない。この文字はその独特な形状のせいで、いまだ解読されていないが、経験の足りない製作者による拙(つたな)い複製、あるいはルーンを暗号として発展させようとしたルーンマスターによる知的な試み、等々、多くの推測がなされている(下図)。

9種の薬草の呪文:『ラクヌンガ(治療法)』(10世紀)に記された、アングロ=サクソンの呪文。9つの野草によって、毒や感染に対する治療をおこなう。呪文では、ゲルマンの異教徒にとって重要な数字である9と3がくりかえされる。

ラクヌンガ:アングロ=サクソンの薬草の処方箋と呪文で、ほとんどが古期英語とラテン語で書かれている。多くの呪文など、ユニークなテキストが集められており、アングロ=サクソンの宗教観や実践的な治療法などがうかがえる。

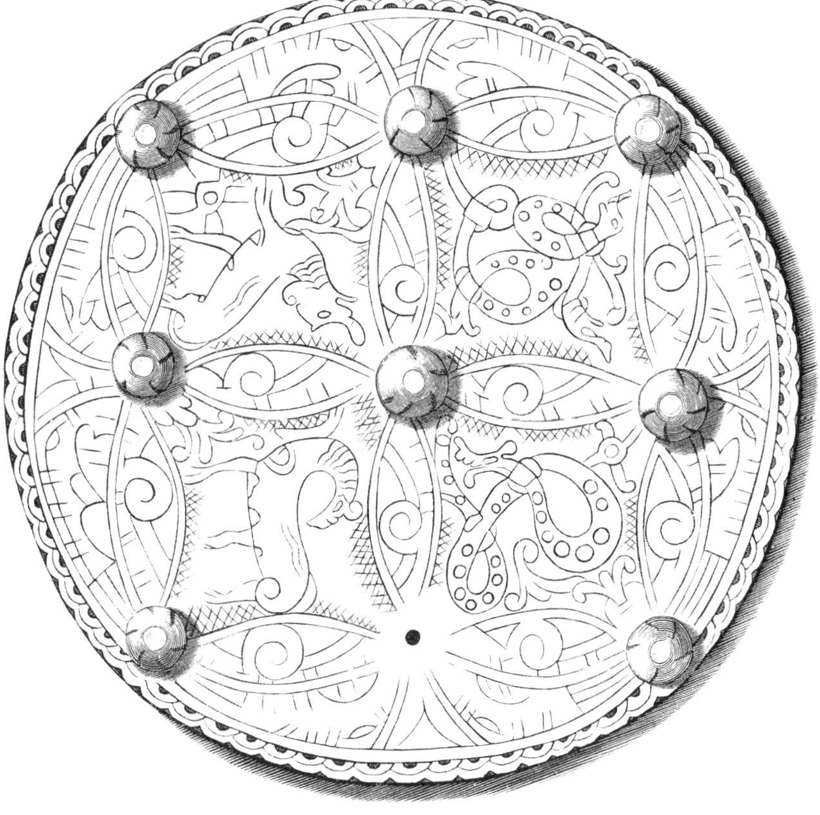

対称的な格子という仮説

9つの小枝、9つの世界

"――オーディンは9つの栄光なる枝を取りて、一撃にせん。毒蛇9つに裂けて、分かれたり"

　そもそもルーンは、木片など硬いものに刻むようにデザインされた文字であるため、鋭角的なデザインとなった。「9種の薬草の呪文*」、または「ラクヌンガ*」(大英博物館のハーリー文庫の写本585)に記されている、上記のような英国の古い呪文はルーン文字のふたつの役割について示しているのだろう。まず、9つの栄光の枝には、それぞれルーン文字が刻まれていたにちがいない。ルーン文字のもっとも古い使われ方である。もうひとつの意味は、この9本の栄光の枝を使って、格子が作れるところにある(右図を参照)。対称的に並べられた枝によって形づくられた幾何学的な枠のうちに、すべてのルーン文字を表すことができるのだ。

　ルーン詩では凍れる種と表現される「雹(ひょう)」を意味するルーン文字だが、デーン型フサルクでは、格子に照らし合わせると下図のように6本の放射線状の形となる。このルーン文字は現在、「マザー・ルーン」と呼ばれている。

9つの世界：ゲルマン人の宇宙観による、三重構造の世界。第一層にはアースガルド(アース神族の世界)、ヴァナヘイム(ヴァン神族の世界)、アールヴヘイム(妖精の世界)、第二層にはミッドガルド(人間の世界)、ヨーツンヘイム(巨人の世界)、ニダヴェリール(小人の世界)、スヴァルトアールヴヘイム(黒妖精の世界)、そして第三層にはヘル(死者の世界)、ニヴルヘイム(凍れる霧と闇の世界)がある。すべての中軸となるのが世界樹ユグドラシルだ。

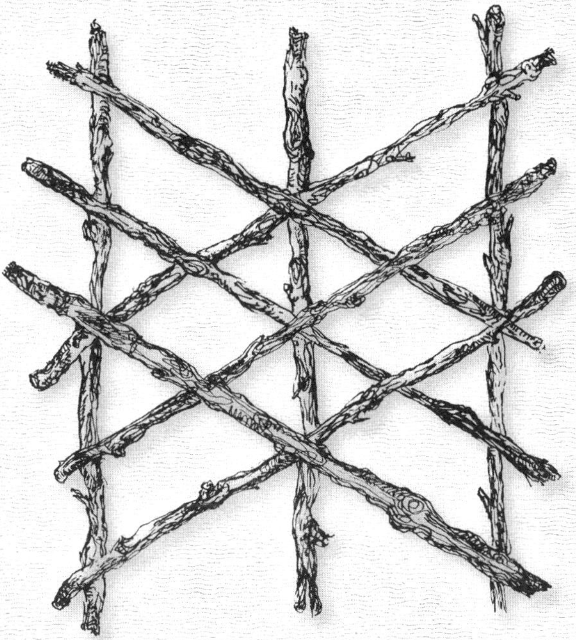

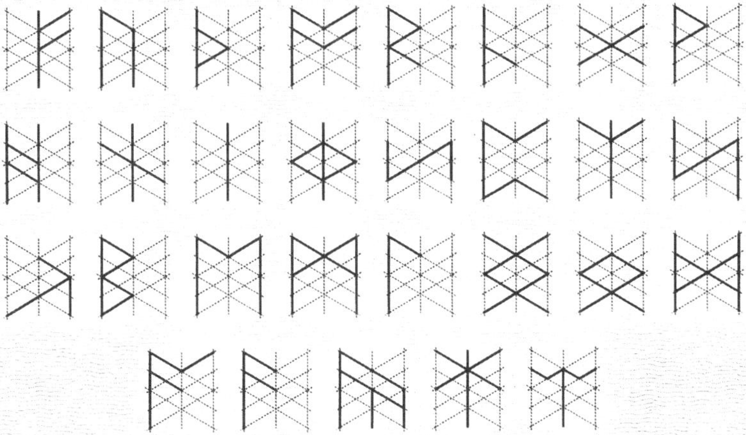

敷詰めパズル

火と氷

　ルーン文字のなかには、より複雑なルーン文字のうちにシンメトリーを形づくりながら再現されるものもある。

　これらの複雑なルーン文字をさらに分解すると、非常にシンプルな2つのルーン文字になる。エルダー・ルーンの「k」を表す「Kennaz ケン」と、「i」を表す「Isa イス」である。

　ゲルマン神話には、9つの世界のなかでも土の領域は、東洋の陰と陽の概念のように、火と氷という対立する極の融合によって生じたと記されている。

　シンプルなルーン文字をいくつか融合することによって格子が形成される。この格子において、すべてのルーン文字が定義され、構成される。どのルーン文字を分解しても、最後には、この2つのシンプルなルーン文字になるため、これらが、ルーン文字を形づくる最小単位だといえるだろう。

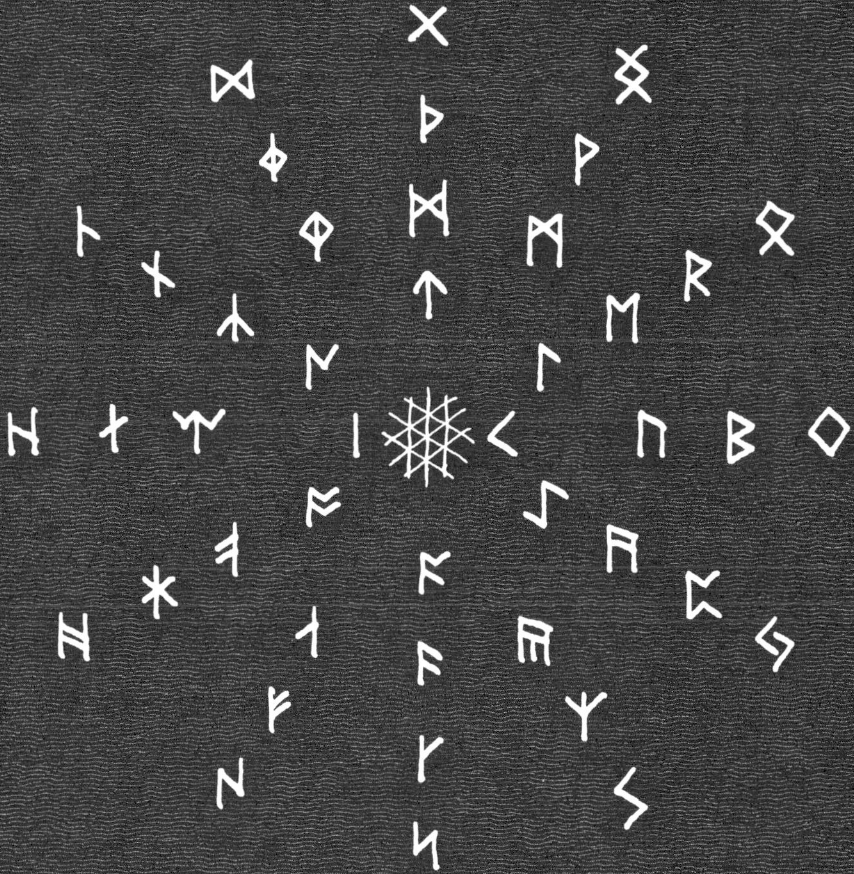

	名称（意味）	占いの意味（認識）	呪術への対応	神性・元素・樹木
ᚠ	フェオ（富）	存続、富、財産	存続、豊穣、資源 火と土、菩提樹	フレイ神、フレイヤ神
ᚢ	ウル（野牛）	力、癒し、速さ	忍耐、癒し、変化	ウルド神、土
ᚦ	ソーン（いばら）	防御、感情の暴露	守護、急に照らすこと ブラックソーン、樫の木	トール神、火
ᚨ	オス（口）	伝達、叡智、学習	叡智、知識、伝達 セイヨウトネリコ	オーディン神、空気
ᚱ	ラド（騎乗）	旅、忠告、 メッセージを受け取ること	旅、移動、 メッセージを受け取ること	トール神、空気、樫の木
ᚲ	ケン（たいまつ）	照らすこと、知識 積極性	照らすこと、知ること、 スコットランド松	フレイ神、火
ᚷ	ギョーフ（贈り物）	贈り物、交換、合意	均衡、調和、交流 イチイの木	ゲフィオン神、火
ᚹ	ウィン（喜び）	幸せ、喜び、充実	願望、達成、豊穣 セイヨウトネリコ	オーディン神、空気
ᚺ	ハガル（雹）	崩壊、浄罪	変革、再生 イチイの木	ヘラ神、ウルド神、氷
ᚾ	ニイド（必要）	必要、義務、軋轢	必要、絆、希望 アイビー	ロキ神、スクルド神、氷
ᛁ	イス（氷）	明瞭、静寂、障害 流れを止めるもの	明瞭、明快、 イチイの木	ヴェルダンディ神、氷
ᛃ	ゲル（収穫）	収穫、報酬	完成、達成 リンゴの木	フリッグ神、土
ᛇ	エオ（イチイの木）	防御、活動、目的	守護、防御、避けること	ウル神、氷、イチイの木
ᛈ	ペオース（誕生）	誕生、発覚、再発見	発覚、開始	フリッグ神、水、白樺

ルーン文字の意味と象徴

未来を占うとき、そして変化によって何が起こるかを占うとき、ルーンは呪術文字として使われた。ルーンを使った予言についての、もっとも古い報告は、ローマの歴史家、かつ旅行家のタキトゥスによる「ゲルマニア」に記されている。シンボル（おそらくはルーン文字）が刻まれた、実の成る木から削られた板を転がして、そこから3枚を選び、儀式の進行者がそれを読み、占った。古期英語で彼らは「runwita」、あるいは「ルーンを知る者」と呼ばれていたらしく、カウンセラーやアドヴァイザーとみなされていた。そして「runcræftig」、つまりルーンに熟達した者でもあった。この3枚のルーン板による占術は今日では「ノルンの神託」、または過去・現在・未来を表す「運命の三姉妹（古期英語ではWyrd）」と呼ばれている。未来を占うとき、個人への示唆や変化を占うとき、ルーン文字が運命の三姉妹の力を呼び

名称（意味）	占いの意味（認識）	呪術への対応	神性・元素・樹木
ᚤ エオール（スゲ）	防御、避けること、創造	導くこと、防御、安定	ヘイムダル神、空気、樫の木
ᛌ シゲル（太陽）	光、健康、豊穣	急に照らすこと、癒し	バルドル神、スンナ神、火、樫の木
↑ ティール（ティーウ神）	正当性、戦闘、競争	勝利、正義、率直さ	ティーウ神、火、セイヨウトネリコ
ᛒ ベオーク（白樺）	母性、成熟、準備	浄化、育成、完成	フリッグ神、水、土、白樺
ᛖ エオー（馬）	パートナーシップ、優しさ、旅	移動、旅、信頼	ヘングスト神とホルサ神、水、菩提樹
ᛗ マン（人）	人間性、友情	協力、道理、尊敬	ヘイムダル神、水、ヒイラギ
ᛚ ラグ（水）	感情、女らしさ	直感、肥沃、念力	ニヨルド神、水、柳の木
ᛝ イング（イング神）	成長、変化、移行	新しい始まり、豊富	イング神、土、リンゴの木
ᛟ エゼル（故郷）	財産、家族、家庭	相続、祖先	オーディン神、土、セイヨウトネリコ
ᛞ ダエグ（日）	変化、均衡、積極性	光、均衡、開かれていること	エソタラ神、火、樫の木
ᚫ オーク（樫の木）	成長、信念、忍耐	可能性、増加	トール神、火、樫の木
ᚫ アッシュ（セイヨウトネリコ）	伝達、情報	知性、表現	オーディン神、空気、セイヨウトネリコ
ᛠ ユル（斧）	防御、行為、守護	防御、発見	ウル神、氷、イチイの木
✳ イアル（川魚）	安定、合致、満足感	調和、幸運	イアル神、水、柳の木
ᛡ イアー（墓）	結果、回帰、結末	結末、完成、再生	エルス神、土、イチイの木

覚ますと信じられている。また、ルーン文字はゲルマンの神々と密接な関連があり、その名は曜日の名称となっている。ルーン文字は神話学的にオーディン神（Woden）と関連が深い。ゲルマン神話にはオーディン神がルーン文字を発見したとあり、「Wednesday（水曜日）」という名称も、その名にちなんでつけられた。（訳注：ローマ暦では、水曜日を水星の神メルクリウス（ギリシア神話ではヘルメス）の日と定められており、たとえば、イタリア語ではmercoledì、フランス語ではmercredi、スペイン語ではmiercolesと表記される。古代ローマでは、ゲルマン神話の魔術神オーディンが彼らの神メルクリウスと同一視されたため、ゲルマン系諸国では、水曜日（英語ではWednesday）はオーディン神（Woden）の日とされた）。

イギリスにおける民族の移動

　ブリテン島には、先史時代から、さまざまな民族が到来していた。

　前7世紀にケルト人の民族移動が始まり、ブリテン島には前2世紀後半から本格的に定住する。古代ギリシア人には「ケルトイ」、ローマ人には「ガリ」と呼ばれたケルト人は、戦いを繰り返しつつ、国を持たずして西ヨーロッパ全域に定着していった。

　ガリア遠征中のローマ帝国は、ブリテン島にも侵攻した。激しく抵抗するブリトン人（ケルト人）を倒し、1世紀末には大半を占領する。だが3世紀になると、アングロ＝サクソン人、つまりゲルマン諸民族の侵攻により、ローマ支配も勢いを失っていく。そして410年、西ローマ皇帝ホノリウスはブリテン島の支配を放棄する。

　ブリテン人の土俗信仰（ドルイド教を除く）とローマ人の多神教は共存し、ローマ人によってもたらされたキリスト教も信仰されていた。313年のミラノ勅令によってキリスト教が公認されてからは広く普及していった。

　ローマ支配が終焉を迎えると、ゲルマン諸民族が本格的に侵攻してくるようになった。そしてブリトン人を周縁地域に追いやり、「イングランド」を形成していく。（そのためウェールズ、コーンウォール、スコットランドにはケルト文化が色濃く残っている）ローマ支配のころは、キリスト教が普及しつつあったが、ふたたびゲルマン的自然信仰の異教の地となる。

　そのアングロ＝サクソン人は多くの部族国家を形成し、それが徐々に統合されていった。8、9世紀ころにはノーサンブリア、イースト・アンブリア、エセックス、ケント、マーシア、サセックス、ウェセックスの七つの王国が建てられる。その頃、ローマ教皇グレゴリウス1世によって、ベネディクト派修道士アウグスティヌスが派遣され、アングロ＝サクソン人のあいだでもキリスト教への改宗が進んでいく。

　829年、ウィセックス王国のエグバー

トがイングランドを統一する。それまでも、デーン人と呼ばれるヴァイキングの襲撃がたびたびあったが、9世紀には土地を目当てに侵攻してくるようになる。エグバートの孫であるアルフレッド大王は、デーン人にイングランドのほぼ二分の一の地域を与えて、平和的に解決する。それがデーンロウ地方である。（のちに、ふたたび統一国家となる）

　10世紀末にはデーン人の襲撃がふたたび始まったが、国王エゼルレッド2世は戦う代わりに、平和金で解決した。王の死後、イングランドに渡来していたデンマークのクヌート王子が賢人会議の承認を得て、イングランド王となる。クヌートはデンマーク、ノルウェーの王も兼任し、北海帝国を築き上げた。クヌート亡き後、ウェセックス王家が復興する。そしてエドワード王には嫡子がなかったため、3人の候補者のあいだで、激しい王位継承争いが起こった。勝利を収めたのは、ノルマンディー公ギョーム。

　この「ノルマン・コンクエスト」（1066年)以降、民族の大きな移動は見られなくなった。（日本語版のための解説）

著者 ● ポール・ジョンソン
作家、古代史研究家。ルーン文字や妖精伝説が専門。
"The Little People of the British Isles" など著書多数。

訳者 ● 藤田優里子（ふじた　ゆりこ）
英文訳者。訳書に『黄金比──自然と芸術にひそむもっとも不思議な数の話』『リトル・ピープル──ピクシー、ブラウニー、精霊たちとその他の妖精』（本シリーズ）『時の終わりへ──メシアン・カルテットの物語』（アルファベータ）など。

ルーン文字　古代ヨーロッパの魔術文字

2009年 4 月20日第1版第 1 刷発行
2023年 8 月20日第1版第16刷発行

著　者	ポール・ジョンソン
訳　者	藤田優里子
発行者	矢部敬一
発行所	株式会社　創元社 https://www.sogensha.co.jp/
本　社	〒541-0047 大阪市中央区淡路町4-3-6 Tel.06-6231-9010　Fax.06-6233-3111
	東京支店 〒101-0051 東京都千代田区神田神保町1-2 田辺ビル Tel.03-6811-0662
印刷所	図書印刷株式会社
装　丁	WOODEN BOOKS／相馬光（スタジオピカレスク）

©2009 Printed in Japan
ISBN978-4-422-21472-6 C0322

＜検印廃止＞ 落丁・乱丁のときはお取り替えいたします。

JCOPY ＜出版者著作権管理機構　委託出版物＞
本書の無断複製は著作権法上での例外を除き禁じられています。
複製される場合は、そのつど事前に、出版者著作権管理機構
（電話 03-5244-5088, FAX 03-5244-5089, e-mail: info@jcopy.or.jp）
の許諾を得てください。

本書の感想をお寄せください
投稿フォームはこちらから ▶▶▶